고전 같은 것 몰라도 살기는 살겠지만

인생
쓰다
고전

기획·엮음 **주순진**

고려대 국어국문학과 졸업 후 글을 쓰고, 책을 만듭니다. 『말놀이』(공저), 『하루 하나 꺼내 먹는 사자성어 따라 쓰기』, 『뭐라도 쓰는 노트』를 만들었습니다.

* 아템포의 〈백일 필사 시리즈〉는 시간을 건너 우리에게 깊은 위로와 응원을 보내주는 문장 100편을 담은 고전 필사 노트입니다.

* 이 책에 실린 문장은 교유서가에서 나온 김경집의 『소인을 위한 논어, 군자의 옷을 벗다』와 아템포에서 출간 준비중인 장석만과 노승현의 『손자병법과 36계』, 『채근담』에서 발췌하였습니다.

고전 같은 것 몰라도 살기는 살겠지만

인생 쓰다 고전

논어 | 채근담 | 손자병법

주순진 기획·엮음

아템포

시간이라는 세찬 물길에 휩쓸리지 않고
묵직하게 가라앉은 문장들,
수천 년 자리를 지킨 거대한 바위 또는
툭툭 발길에 닿는 조약돌 같은 글들을
우리는 고전(古典)이라고 부른다.
수많은 고전 중에서도
『논어』,『채근담』,『손자병법』에서
울림을 주는 문장 100편을 가려 뽑아
읽고, 따라 쓰기 쉽게 담아보았다.
세계적인 성인 공자와
그 제자들의 가르침을 기록한 『논어』
명나라의 문인 홍자성이 엮은 최고의 잠언집 『채근담』
춘추시대의 탁월한 전략가 손무가 펴낸 『손자병법』
지혜와 통찰이 담긴 글자 하나하나,
먼저 살아본 이들이 남긴
따뜻한 위로와 친절한 참견의 말들이
참 고맙다.

2025. 8.
주순진

차례

논어

늘 고민해야 하는 삶도 '당연히' 있다	012
한 걸음이라도 앞으로 나아가는 하루	014
성장의 잠재력을 가진 사람	016
다 갖추지 않아도 괜찮아	018
묵묵히 자신의 몫에 최선을 다하기	020
소인배의 삶을 경계하기	022
명분을 세우고 실리도 추구할 수 있다면	024
말 한마디를 하더라도 제대로	026
때로는 단호하게 그렇게 건강하게	028
예의, 태도라는 옷	030
아는 것보다 더 중요한 것	032
진짜 잘못	034
무엇을 알고 무엇을 모르는지	036
가까운 곳에 나의 스승	038
바람에 흔들려도 꼿꼿하게	040
본질 파악하기	042
어려워도 닿고 싶은 곳	044
감성을 다스리는 음악의 힘	046
두루 후하게 대하는 마음	048
말보다 중요한 것	050

채근담

하늘인들 나를 어찌할 수 있겠는가?	*054*
견딘다는 말에 지탱하여 나아가기	*056*
한가하고 여유 있는 멋	*058*
첫 마음 기억하기	*060*
미리 준비하면 걱정이 없고	*062*
인품이 중요한 이유	*064*
재앙의 씨앗, 말과 행동	*066*
행동하되 고요하게	*068*
치우치지 않도록	*070*
반성할 줄 아는 사람	*072*
후회할 일 만들지 않으려면	*074*
너무 과격하지 않게	*076*
객기를 멀리하고 진심을 가까이	*078*
너무 가볍지도 무겁지도 않게	*080*
멈출 줄 아는 지혜	*082*
초연하게 살아가기	*084*
조화롭게 다스리기	*086*
인간의 본성이란	*088*
마음이 우주를 닮으려면	*090*
기쁨의 슬픔 슬픔의 기쁨	*092*
정신은 영원한 것	*094*
번뇌의 출발점	*096*
부나비와 올빼미	*098*
오래가는 복 참된 지식	*100*
한결같이 진실한 사람	*102*
맑은 마음	*104*
선한 마음	*106*

채근담

시들지 않는 힘	108
가진 것을 바로 보고 자랑을 경계하라	110
마음의 방향	112
봄바람이 만물을 기르듯	114
하늘의 섭리	116
보이지 않지만 중요한 것	118
깊은 마음에 이르는 길	120
읽고 실천하기	122
꾸밈이 없을 때 이루어지는 것	124
돌과 나무 같은 마음	126
겉모습보다 중요한 것	128
배우는 자세	130
능력보다 먼저인 것	132
지금 여기가 극락	134
내 마음의 얼음과 숯불	136
대자연을 가만가만 바라보다	138
생각은 깊게 시야는 넓게	140
마음의 다른 이름 마법	142
그물에 걸리지 않는 바람처럼	144
가끔은 유유자적	146
인생이라는 바다를 건널 때	148
차라리 어리석고 걸걸하게	150
마음을 활짝	152
혼자 잘나서 이룬 것은 세상에 없다	154
가끔은 후퇴 양보는 필수	156
중용을 지킨다는 것	158
깨끗함에 대하여	160
군자처럼 살아보기	162

손자병법

누군가를 이끈다는 것	*166*
리더의 자격	*168*
예측도 능력	*170*
보이는 것에서 읽어내기	*172*
리더가 경계해야 할 성격	*174*
가끔은 속임수	*176*
허를 찌르다	*178*
속전속결	*180*
적을 알고 나를 알면	*182*
지혜롭게 걱정하기	*184*
언제 싸우고 언제 피할까?	*186*
최고로 뛰어난 것	*188*
때로는 바람 때로는 산	*190*
나부터 강하게	*192*
이겨놓고 하는 싸움	*194*
기운을 읽다	*196*
다 계획이 있다면	*198*
승패의 원인 찾기	*200*
끌려다니지 않으려면	*202*
돌다리 두드리는 네 가지 방법	*204*
다섯 가지 원칙	*206*
지는 이유	*208*
승리를 예상하는 법	*210*
가끔은 일부러 돌아가기	*212*
누군가를 이끌고 싶다면	*214*

논
어

2,500년 전 공자의 제자들이 스승의 가르침, 제자들과의 대화를 책으로 엮었다. 이것이 바로 동양 철학의 정수로 손꼽히는 논어論語다. 삶에 대한 깊이 있는 통찰과 지혜 덕분에 세계적으로 오래 사랑받고 있다. 인문학자 김경집은 『소인을 위한 논어, 군자의 옷을 벗다』에서 논어를 현대적인 시각으로 새롭게 해석하고자 했다. 평범한 소인들을 위한 논어를 손끝으로 만나보기 바란다.

늘 고민해야 하는 삶도 '당연히' 있다

공자가 말씀하셨다.
"군자는 늘 마음이 여유로워 태연자약하고
소인은 언제나 고민한다."

子曰 "君子坦蕩蕩, 小人長戚戚"
자 왈　군 자 탄 탕 탕　소 인 장 척 척

군자의 삶만 있는 것은 아니다. 늘 고민해야 하는 삶도 '당연히' 있다. 삶은 고달프고 맵다. 스스로 지치기도 한다. (중략) 소인은 군자와 다른 종족이 아니라 아직은 군자의 수준에 미치지 못한, 그래도 조금씩은 그 모범을 따르려고 해보는 소시민이다. 그런 소시민의 각성과 의식이 쌓이면 시민의식으로, 더 나아가 세상을 바꾸는 시민의 힘으로 진화하게 된다는 것을 깨치며 살아오지 않았던가. 나는 그런 소시민이다. 그런 소인이다. 아직도 고민할 게 많은. 그거면 됐다. 그렇지 않은가? 적어도 누군가 고민할 때 그 고민의 내용이 무엇인지 먼저 묻는 배려와 공감을 키울 수 있다면.

■ 김경집 지음, 『소인을 위한 논어, 군자의 옷을 벗다』, p.133, 143

논어

014-02 한 걸음이라도 앞으로 나아가는 하루

공자가 말씀하셨다.
"좋은 사람을 보면 어떻게 하면 그와 같아질까를 생각하고 좋지 않은 사람을 보면 자신을 반성한다."

子曰 "見賢思齊焉, 見不賢而內自省也"
자 왈 견 현 사 제 언 견 불 현 이 내 자 성 야

먼저 견현, 즉 좋은 사람을 볼 수 있는 '능력'이 필요하다. 그게 지혜다. 지혜는 저절로 생기는 게 아니다. 충분한 지식도 필요하다. 그런 지식들이 실제로 어떻게 발현되고 그뒤에 어떤 결과들이 이어지는지 등을 자신의 경험을 통해 확인하는 과정을 거쳐 지혜가 형성된다. 그러니 소인도 부지런히 공부해야 한다. 좋은 사람을 제대로 알아볼 수 있는 안목은 저절로 생기는 게 아니다. 그 사람을 제대로 읽어낼 줄 알고, 닮으려고만 해도 절반 이상은 성공한 것이다.

■ 김경집 지음, 『소인을 위한 논어, 군자의 옷을 벗다』, p.57

논어

03 성장의 잠재력을 가진 사람

공자가 말씀하셨다.
"군자는 작은 일은 알 수 없어도 큰일은 맡을 수 있고,
소인은 큰일은 맡을 수 없어도 작은 일은 안다."

子曰 "君子不可小知而可大受也, 小人不可大受而可小知也"
자 왈   군 자 불 가 소 지 이 가 대 수 야   소 인 불 가 대 수 이 가 소 지 야

소인은 아직 작은 그릇이다. 그 사실에 안주하지 않고 큰 그릇으로 나아가면 된다. 물론 대가를 지불하면서. 세상에 공짜는 없다. 그것부터 제대로 하면 성장이 뒤따른다. 그런 소인이 세상을 건강하게 만든다. 주어진 작은 일부터 제대로 하면서 조금씩 나아가면 된다. 그게 얼마나 멋있고 위대한 일인가! 그런 소인이 보배다. 내가 그런 소인이라면, 조금 멋있지 않나? 세상에는 사소한 것도, 시시한 사람도 없다. 사유하고 책 읽고 공부하는 소인. 일단 그거면 족하다.

■ 김경집 지음, 『소인을 위한 논어, 군자의 옷을 벗다』, p.35, 44

논어

018-04 다 갖추지 않아도 괜찮아

공자가 말씀하셨다.
"군자의 도가 세 가지인데, 나는 능한 것이 없다.
어진 자는 근심하지 않고, 지혜로운 자는 의혹되지 않고,
용맹스러운 자는 두려워하지 않는 법이다."

子曰 "君子道者三, 我無能焉. 仁者不憂, 知者不惑, 勇者不懼"
자왈   군자도자삼   아무능언   인자불우   지자불혹   용자불구

어제와 다른 오늘,

어제보다 용기 있게 살 수 있는 오늘을

꿈꿀 수 있다는 것만으로도 다행스럽다.

그게 우리네 보통 사람들이 품는 용기의 진화다.

어설픈 군자 흉내가 아니라 살아오면서 깨친 지혜다.

그러니 용기는 군자만의 덕목이 아니다. 두려움 없이 살 수는 없다.

비겁함을 줄이면 족하다. 그건 우리도 한다.

모든 면에서 완전하고 완벽할 수는 없다.

어느 것 하나라도 조금씩 진화하면 된다.

■ 김경집 지음, 『소인을 위한 논어, 군자의 옷을 벗다』, p.81, 92

논어

05 묵묵히 자신의 몫에 최선을 다하기

자하가 말하였다.
"모든 기술자들은 작업장에 거처하며
열심히 일함으로써 자기 일을 완성하고
군자는 배움으로써 자기의 도를 이룩한다."

子夏曰 "百工居肆以成其事, 君子學以致其道"
자 하 왈   백 공 거 사 이 성 기 사   군 자 학 이 치 기 도

「자장」편의 기술자가 완성하는 일을
현대적 시선으로 바라보면 많은 것을 생각하게 된다.
거창하게 떠들 것도 없다.
배운 대로만 실천하면 된다.
배운 사람들이 그걸 못 해서 문제다.
우리네 소인들은 묵묵히 자신의 일에 최선을 다하며
살고 있지 않은가.
현대 사회는 그런 소인들이 중심이 되는 사회다.

■ 김경집 지음, 『소인을 위한 논어, 군자의 옷을 벗다』, p.113, 122

논어

06 소인배의 삶을 경계하기

공자가 말씀하셨다.
"군자는 자기에게서 찾고,
소인은 다른 사람에게 구한다."

子曰 "君子求諸己, 小人求諸人"
자 왈   군자구제(저)기   소인구제(저)인

우리네 보통 사람들이
군자의 경지에 이르지 못한다고
비난받을 일은 결코 없다.
다만 비난받아 마땅한 소인배의 태도와 행동을
경계하면 족하다.
군자를 지향하고 소인배를 경계하는 것이다.
나날이 군자의 삶에 한 걸음씩 다가가려 노력한다면
금상첨화겠지만.

■ 김경집 지음, 『소인을 위한 논어, 군자의 옷을 벗다』, p.144, 152

논어

024-07 명분을 세우고 실리도 추구할 수 있다면

공자가 말씀하셨다.
"군자는 덕을 품고 소인은 땅을 품는다.
군자는 형벌을 품고 소인은 은혜를 품는다."

子曰 "君子懷德, 小人懷土. 君子懷刑, 小人懷惠"
자왈   군자회덕   소인회토   군자회형   소인회혜

나로서는 "군자는 예와 의를 이해하고,
소인은 이로움과 해로움을 이해한다"라고 해석하는
리쩌허우에게 끌린다.
그걸 확대하면 군자는 명분에, 소인은 실리에
마음을 먼저 둔다는 뜻으로 봐도 무방할 것이다.
명분과 실리를 동시에 얻을 수 있다면 최상이다.
지도자는 대의와 명분을 바르게 세우고 실천하며
시민은 실리에 충실하면
사회적 정의와 경제적 번영이 공존하게 된다.
이게 가장 완벽하고 이상적인 사회의 구성이고
작동 방식 아닌가?

■ 김경집 지음, 『소인을 위한 논어, 군자의 옷을 벗다』, p.175, 183

말 한마디를 하더라도 제대로

공자가 말씀하셨다.
"군자는 자신의 말이 행동을 능가하는 것을
부끄럽게 여긴다."

子曰 "君子恥其言而過其行"
자 왈   군 자 치 기 언 이 과 기 행

말이 앞서면 반드시 그 대가를 치르게 된다는 걸
살아가면서 깨닫는다.
왜 말이 앞서는 경우가 생길까?
자기 과시, 성급함, 경솔, 이기심 등
여러 이유가 있을 것이다.
공자가 교언영색을 경계하고 수시로 말조심하라고 이른 것은
말주변으로 남을 현혹하고 결국 자신을 속이는 어리석음을
피하라는 뜻이라고 보면 족하다.

■ 김경집 지음, 『소인을 위한 논어, 군자의 옷을 벗다』, p.300~307

어

때로는 단호하게
그렇게 건강하게

공자가 말씀하셨다.
"다른 사람의 나쁜 점을 말하는 사람을 미워하고,
 지위가 낮으면서 윗사람을 비방하는 사람을 미워하고,
 용기만 있고 예의가 없는 사람을 미워하며,
 과감하기만 하고 꽉 막힌 사람을 미워한다."

子曰 "惡稱人之惡者, 惡居下流而訕上者
자왈　오칭인지악자　오거하류이산상자

惡勇而無禮者, 惡果敢而窒者"
오용이무례자　오과감이질자

남들이 그런 말 할 때 적당하게 그러나 단호하게 말해서 닫아야 한다. 적어도 '없는 사람' 욕할 때, '없을 때 욕하고 흉보는 건 피하자'고 한마디만 할 수 있으면 된다. 그것만 지켜도 건강한 소인이 된다. 군자만 그럴 수 있는 게 아니다.

■ 김경집 지음, 『소인을 위한 논어, 군자의 옷을 벗다』, p.57

논어

10. 예의, 태도라는 옷

공자가 말씀하셨다.
"공손하되 예가 없으면 고달프고,
신중하지만 예가 없으면 나약하며
용감해도 예가 없으면 어지럽다."

子曰 "恭而無禮則勞, 愼而無禮則葸,
자왈   공이무례즉로   신이무례즉사

勇而無禮則亂, 直而無禮則絞"
용이무례즉란   직이무례즉교

그만큼 예가 중요하다.
아무리 중요한 덕목이라 해도 예가 없으면,
즉, 무례하면 별무소용이다.

■ 김경집 지음, 『소인을 위한 논어, 군자의 옷을 벗다』, p.234

아는 것보다 더 중요한 것

공자가 말씀하셨다.
"청년들은 들어와서는 효도하고,
밖에 나가서는 공손하며, 신중하고 미더워야 하며,
세상 모든 사람을 사랑하고, 어진 이를 친하게 하라."

子曰 "弟子 入則孝 出則弟 謹而信 汎愛衆 而親仁"
자왈 제자 입즉효 출즉제 근이신 범애중 이친인

공자는 '사람답게' 사는 것이 먼저고
그것을 실천한 뒤에 비로소 학문을 배우면 된다고 강조한 것이다.
실천의 의미에서 '사람답게' 사는 건 무엇일까?
남에게 해를 끼치지 않고 내 할 바를 능동적으로 실행하는 것이다.
눈치보고 계산하는 걸 전혀 무시하고 살 수야 없지만
거기에 너무 휘둘려 살면 내 삶은 아니다.

■ 김경집 지음, 『소인을 위한 논어, 군자의 옷을 벗다』, p.286

논어

12 진짜 잘못

공자가 말씀하셨다.
"잘못이 있음에도 불구하고 고치지 않는 것이
진짜 잘못이다."

子曰 "過而不改是謂過矣"
자 왈   과 이 불 개 시 위 과 의

누구나 잘못을 범한다.
문제의 핵심은 '개선'이다.
허물을 고치고 거듭하지 않으려 노력하는 것이다.

■ 김경집 지음, 『소인을 위한 논어, 군자의 옷을 벗다』, p.154

논어

13 무엇을 알고
무엇을 모르는지

공자가 말씀하셨다.
"남이 자신을 알아주지 못함을 걱정하지 말고,
내가 남을 알지 못함을 걱정해야 한다."

子曰 "不患人之不己知, 患不知人也"
자 왈   불 환 인 지 불 기 지   환 부 지 인 야

남들이 자기의 좁은 식견을 알아주지 않는다고
조바심내며 염려할 것이 아니라,
당연히 알아야 할 인물들의 생애나 사상,
그리고 그들의 인격을 모르는 것을 걱정하라는 말이다.

■ 김경집 지음, 『소인을 위한 논어, 군자의 옷을 벗다』, p.49

국어

14 가까운 곳에 나의 스승

공자가 말씀하셨다.
"세 사람이 같이 가면
반드시 나의 스승이 있다."

子曰 "三人行必有我師"
자 왈　삼 인 행 필 유 아 사

누구나 좋은 점 있고 나쁜 점 있다.
좋은 점 배우고
나쁜 점 가려내 덜어내면 되니
누구나 나의 스승이 되는 셈이다.

■ 김경집 지음, 『소인을 위한 논어, 군자의 옷을 벗다』, p.56

논어

15. 바람에 흔들려도 꿋꿋하게

공자가 말씀하셨다.
"군자는 의연하며 교만하지 않고,
소인은 교만하되 의연하지 못하다."

子曰 "君子泰而不驕, 小人驕而不泰"
자 왈   군 자 태 이 불 교   소 인 교 이 불 태

군자는 어떤 상황에서도 태연자약하다.
태평하다. 의연하다. 흔들리지 않는다.
일희일비하지 않는다. 심지가 굳건하다.
요즘 식으로 말하자면 멘탈이 강하다.
멘탈도 능력이다.

■ 김경집 지음, 『소인을 위한 논어, 군자의 옷을 벗다』, p.165

논어

16 본질 파악하기

공자가 말씀하셨다.
"활쏘기 시합은 얼마나 꿰뚫는가를
기준으로 삼지 않는다.
각 사람의 힘이 같지 않기 때문이다.
이것이 옛날의 법도다."

子曰 "射不主皮, 爲力不同科, 古之道也"
자 왈　사 부 주 피　위 력 부 동 과　고 지 도 야

공자는 활쏘기가 단순하게 승부를 결정하는 겨루기가 아님을 따로 설명했다. 목표를 맞히면 되는 것이지 힘자랑하는 게 아니라는 뜻이다. 아마도 활쏘기에서 힘자랑하는 인간들이 있었기에 그렇게 말했을 것이다. 그런 소인배들은 언제 어디에나 있으니까.
그런 걸 깨달은 것만 해도 족하다.

■ 김경집 지음, 『소인을 위한 논어, 군자의 옷을 벗다』, p.263

논어

17 어려워도 닿고 싶은 곳

공자가 말씀하셨다.
"아침에 도를 깨달으면 저녁에 죽어도 좋겠다."

子曰 "朝聞道, 夕死可矣"
자 왈   조 문 도   석 사 가 의

참된 이치를 깨달으면 죽어도 여한이 없다는 것을 비유하는 이 말은 공자의 '탄식'에 가깝다 해도 무리는 아닐 듯하다. 군자라면 마땅히 도를 구하려 힘써야 한다. 그것을 깨달았을 때 얼마나 감개무량할까. 죽어도 여한이 없다는 건 그만큼 도를 깨닫기가 어렵다는 뜻이기도 하다.

■ 김경집 지음, 『소인을 위한 논어, 군자의 옷을 벗다』, p.277

논어

18. 감성을 다스리는 음악의 힘

공자가 말씀하셨다.
"시를 통해 흥하고
예를 통해 올바로 서며
음악을 통해 완성했다."

子曰 "興於詩, 立於禮, 成於樂"
자 왈   흥 어 시   입 어 례   성 어 악

고대 중국의 음악은 감성을 관리하는 중요한 과정이었고, 당연히 예와 악은 분리될 수 없었다. 예와 음악의 관계가 갖는 중요성은 조선시대 종묘의 제례악을 통해서도 쉽게 엿볼 수 있다. 공자는 음악의 본질이 인간의 본성이며 사람이 음악을 따르는 게 아니라 음악이 인간의 본성을 따르는 것으로 여겼다. 적어도 음악 앞에서는 군자와 소인의 구별조차 무의미하다.

■ 김경집 지음, 『소인을 위한 논어, 군자의 옷을 벗다』, p.291, 299

논어

19 두루
후하게 대하는 마음

공자가 말씀하셨다.
"군자는 두루두루 사귀되 이익을 위해 결탁하지 않고,
소인은 이익을 위해 결탁하되 두루 친밀하지는 않다."

子曰 "君子周而不比, 小人比而不周"
자 왈   군 자 주 이 불 비   소 인 비 이 부 주

사람은 혼자 살아갈 수 없다.
개인적인 삶과 사회적인 삶이
서로 충돌하거나 배격하지 않는 범위에서 관계를 형성하며 산다.
누군가와 사귀려면 적어도 그에게 마음을 열어야 하고
더 나아가 따뜻하고 너그러워야 한다.
두루 후하게 대할 수 있는 사람에게 여러 사람이 모인다.
중요한 품성이고 덕목이다.

■ 김경집 지음, 『소인을 위한 논어, 군자의 옷을 벗다』, p.188

논어

20 말보다 중요한 것

공자가 말씀하셨다.
"군자는 말은 어눌하되 행동은 민첩하다."

子曰 "君子欲訥於言而敏於行"
자 왈　군 자 욕 눌 어 언 이 민 어 행

공자는 '말 잘하는 것'에 대해 늘 경계했다.
언어는 나의 표상이다. 아무 말이나 뱉으면 위험하다.
한번 뱉은 말은 주워 담을 수 없다.
공자의 속뜻은
군자는 자신의 말에 책임을 져야 하므로
아무 말이나 함부로 뱉지 말라는 것이었을 게다.
말의 속도가 생각보다 빠르면 실언하기 쉽다.

■ 김경집 지음, 『소인을 위한 논어, 군자의 옷을 벗다』, p.72, 73

논어

채근담

중국 최고의 처세서인 채근담菜根譚을 한자 그대로 풀이하면 '풀의 뿌리를 씹는 이야기'다.
제목의 뿌리를 더 찾아보면, 누구든 풀뿌리를 씹으며 살아갈 수 있다면 뭐든 이룰 수 있다는
소학小學의 가르침에서 가져온 것으로 추측한다. 중국 명나라 말 홍자성이 만든 잠언집으로,
채근담에 적힌 현실적인 조언들은 때로 따끔하고, 때로 따뜻하다.

054-01 하늘인들 나를 어찌할 수 있겠는가?

하늘이 나에게 많은 복을 주지 않는다면 나는 좋은 일을 많이 해서 이런 운명을 직접 마주할 것이고, 하늘이 수고로움으로 나를 피곤하게 하면 나는 편하고 한가로운 마음으로 몸을 보양할 것이다. 하늘이 난처한 것으로 나를 괴롭히면 나는 살려고 노력하는 길을 열어 곤경을 뚫고 나갈 것이다. 만약 위에서 말한 갖가지를 해낸다면 하늘인들 나를 어찌할 수 있겠는가?

天薄我以福 吾厚吾德以迓之 天勞我以形 吾逸吾心以補之
천박아이복 오후오덕이아지 천로아이형 오일오심이보지

天阨我以遇 吾亨吾道以通之 天且奈我何哉?
천액아이우 오형오도이통지 천차내아하재

채근담

견딘다는 말에
지탱하여 나아가기

속담에 '산에 오르면 경사진 비탈길을 참아내야 하고 눈을 밟으면 위험한 다리를 견뎌내야 한다'고 하였으니 견딘다는 뜻의 '耐(내)' 한 글자에는 매우 깊은 뜻이 담겨 있다. 만일 음흉하고 험악한 인정과 울퉁불퉁한 세상살이에서 '견딘다'는 한 글자를 지탱하여 나가지 않는다면 가시덤불이나 구덩이에 떨어져 들어가지 않을 사람이 몇 명이나 되겠는가?

'登山耐側路 踏雪耐危橋' 一 '耐'字極有意味
등산내측로 답설내위교 일 내 자극유의미

如傾險之人情 坎坷之世道 若不得一耐字撑持過去 幾何不墮入榛莽坑塹哉?
여경험지인정 감가지세도 약불득일내자탱지과거 기하불타입진망갱참재

채근담

한가하고
여유 있는 멋

천지는 꼼짝도 하지 않는 것 같지만 운행이 멈춘 적은 없다. 밤낮으로 떠서 지는 해와 달은 내달리니 그것의 찬란한 빛은 영원히 바뀌지 않는다. 그러므로 군자는 한가할 때 긴급한 상황에 대비할 마음을 지녀야 하고 바쁠 때는 한가하고 여유 있는 멋을 지녀야 한다.

天地寂然不動 而氣機無息稍停 日月晝夜奔馳 而貞明萬古不易
천지적연부동 이기기무식초정 일월주야분치 이정명만고불역

故君子閒時要有喫緊的心思 忙處要有悠閒的趣味
고군자한시요유끽취적심사 망처요유유한적취미

채근담

첫 마음
기억하기

사업이 실패에 부닥치고 막다른 골목에 처한 사람은
처음 사업을 시작했을 때의 마음을 깊이 탐구해야 하고,
사업이 성공하고 모든 일이 뜻과 같이 되는 사람은
오랫동안 유지할 수 있을지를 관찰해야 한다.

事窮勢蹙之人 當原其初心 功成行滿之士 要觀其末路
사궁세축지인 당원기초심 공성행만지사 요관기말로

채근담

미리 준비하면
걱정이 없고

하늘의 신비한 변화는 헤아릴 수 없어 어떤 때는 눌렀다가 펴주고 또 어떤 때는 펴주었다가 또 누른다. 자신이 어떤 환경에 놓여 있든지 하늘은 의도적으로 영웅을 희롱하고 호걸을 좌지우지한다. 덕을 쌓은 군자는 천운이 거슬러 와도 순리로 받아들이고 평안하고, 하는 일이 없을 때도 위태로울 때를 생각하므로 하늘도 함부로 그 재주를 부릴 수가 없다.

天之機緘不測 抑而伸 伸而抑 皆是播弄英雄 顚倒豪傑處
천지기함불측 억이신 신이억 개시파롱영웅 전도호걸처

君子只是逆來順受 居安思危 天亦無所用其伎倆矣
군자지시역래순수 거안사위 천역무소용기기량의

채근담

인품이 중요한 이유

인품과 덕성은 재능의 주인이고 재능은 인품과 덕성의 노예이므로 재능만 있고 인품과 덕성의 수양이 없으면 집에 주인은 없고 노예가 주인처럼 집안일을 맡아 처리하는 것 같으니 어찌 도깨비가 제멋대로 날뛰는 행동에 가깝지 않겠는가?

德者才之主 才者德之奴 有才無德 如家無主而奴用事矣 幾何不魍魎而猖狂?
덕자재지주 재자덕지노 유재무덕 여가무주이노용사의 기하불망량이창광

채근담

재앙의 씨앗, 말과 행동

어떤 때는 사악한 생각으로 귀신의 금기를 위반할 수도 있고, 말 한마디가 이 세상의 평화를 파괴할 수도 있으며, 작은 일 하나가 후대 자손에게 재앙을 남길 수도 있으니 이를 반드시 깊이 경계해야 한다.

有一念而犯鬼神之禁 一言而傷天地之和 一事而釀子孫之禍者 最宜切戒
유일념이범귀신지금 일언이상천지지화 일사이양자손지화자 최의절계

채근담

행동하되 고요하게

행동하는 것을 좋아하는 사람은 구름 속의 번개 같으면서도 바람 앞의 등불 같으며, 적막한 것을 즐기는 사람은 식은 재 같으면서도 마른나무와 같다. 모름지기 움직이지 않는 구름, 잔잔한 물 위에 솔개가 날고 물고기가 뛰는 기상이 있어야만 비로소 숭고한 인품과 도덕을 갖춘 사람이라고 할 수 있다.

好動者雲電風燈 嗜寂者死灰槁木 須定雲止水中
호동자운전풍등 기적자사회고목 수정운지수중

有鳶飛魚躍氣象 纔是有道的心體
유연비어약기상 재시유도적심체

채근담

치우치지 않도록

사람의 기상은 높고 넓어야 하지만 너무 제멋대로여서는 안 된다. 마음 씀씀이는 신중하면서도 꼼꼼해야 하지만 너무 자질구레해서는 안 된다. 생활의 취미는 고상하고 우아하면서도 평안하고 고요해야 하지만 지나치게 무미건조하고 단조로워서는 안 된다. 몸가짐은 엄격하면서도 떳떳해야 하지만 너무 과격하거나 극단적이어서는 안 된다.

氣象要高曠 而不可疎狂 心思要縝細 而不可瑣屑
기상요고광 이불가소광 심사요진세 이불가쇄설

趣味要沖淡 而不可偏枯 操守要嚴明 而不可激烈
취미요충담 이불가편고 조수요엄명 이불가격렬

채근담

반성할 줄 아는 사람

언제나 자신을 반성할 줄 아는 사람은 평소에 부닥치는 일마다 모두 자신을 닦는 좋은 처방이 되고, 늘 하늘을 원망하고 남을 탓하는 사람은 문득 생각하는 것마다 자신을 해치는 무기가 된다. 하나는 모든 선의 길을 열고 다른 하나는 모든 악의 근원을 이루는 것이니 서로의 거리는 하늘과 땅이다.

反己者 觸事皆成藥石 尤人者 動念卽是戈矛
반기자 촉사개성약석 우인자 동념즉시과모

一以闢衆善之路 一以濬諸惡之源 相去霄壤矣
일이벽중선지로 일이준제악지원 상거소양의

채근담

후회할 일 만들지 않으려면

기분이 좋다고 해서 가볍게 허락할 수 없고, 취기를 틈타 제멋대로 성깔을 드러낼 수 없으며, 한때의 충동으로 말썽을 피울 수 없고, 정신이 지쳐버려 시작만 하고 끝을 맺지 않을 수 없다.

不可乘喜而輕諾 不可因醉而生嗔 不可乘快而多事 不可因倦而鮮終
불가승희이경낙 불가인취이생진 불가승쾌이다사 불가인권이선종

채근담

12 너무 과격하지 않게

세속을 벗어날 수 있는 사람은 기인이지만 일부러 기이한 것을 추구하려 하는 이는 기인이 아니라 괴상한 사람이다. 더러운 것에 섞이지 않는 이는 청렴한 사람이지만 자신의 청렴을 과시하려고 일부러 속세와의 인연을 끊고 청렴만 찾는 사람은 청렴한 것이 아니라 과격한 것이다.

能脫俗便是奇 作意尙奇者 不爲奇而爲異
능탈속편시기 작의상기자 불위기이위이

不合汚便是淸 絶俗求淸者 不爲淸而爲激
불합오편시청 절속구청자 불위청이위격

채근담

13 객기를 멀리하고 진심을 가까이

뽐내고 오만한 것 중에 객기가 아닌 것이 없으므로 객기를 억누른 뒤에야 기상을 떨칠 수 있다. 욕망과 마음속의 잡념은 모두가 허망한 것이므로 이런 마음을 버린 뒤에야 비로소 진심이 나타나게 될 것이다.

矜高倨傲 無非客氣 降伏得客氣下 而後正氣伸
긍고거오 무비객기 항복득객기하 이후정기신

情欲意識 盡屬妄心 消殺得妄心盡 而後眞心現
정욕의식 진속망심 소살득망심진 이후진심현

채근담

너무 가볍지도
무겁지도 않게

군자는 몸가짐이 가벼워서는 안 된다. 가벼우면 쉽게 흔들려서 여유나 침착함을 잃게 된다. 반대로 생각하고 마음 쓰는 일에 집착해 무거워지면 소탈하고 활발한 생기를 잃을 수 있다.

士君子持身不可輕 輕則物能擾我 而無悠閒鎭定之趣
사군자지신불가경 경즉물능요아 이무유한진정지취

用意不可重 重則我爲物泥 而無蕭洒活潑之機
용의불가중 중즉아위물니 이무소쇄활발지기

채근담

멈출 줄 아는 지혜

악기를 연주하고 노래를 부르는 것이 한창 무르익었을 때, 문득 옷을 훌훌 털고 일어나 멀리 가버리는 것은 마치 벼랑에서 손을 놓고 거니는 달인처럼 부럽다. 그런데 늦은 밤 여전히 길을 서성이는 것은 마치 속된 선비가 제 몸을 고통의 바다에 담그는 것처럼 우습다.

笙歌正濃處 便自拂衣長往 羨達人撒手懸崖
생가정농처 변자불의장왕 선달인살수현애

更漏已殘時 猶然夜行不休 咲俗士沈身苦海
경루이잔시 유연야행불휴 소속사침신고해

채근담

초연하게 살아가기

세상 사람들의 마음과 세상 물정은 잠깐 사이에 만 가지로 변하니 너무 진지하게 생각하지 말자. 요부*가 말하기를 "지난날 내 것이 지금은 너의 것이 되었네. 오늘의 내 것이 훗날 누구의 것이 될지 어찌 알겠는가?"라고 하였으니, 사람이 늘 이런 관점으로 사물을 본다면 가슴속에 맺힌 것을 풀어버릴 수 있을 것이다.

● 요부(堯夫)는 송나라의 학자 소강절을 말함

人情世態 倏忽萬端 不宜認得太眞 堯夫云
인정세태 숙홀만단 불의인득태진 요부운

"昔日所云我 而今却是伊 不知今日我 又屬後來誰."
석일소운아 이금각시이 부지금일아 우속후래수

人常作是觀 便可解却胸中罥矣
인상작시관 변가해각흉중견의

채근담

17 조화롭게 다스리기

내 몸은 하나의 작은 우주, 기쁨과 노여움은 일정한 선을 지키고 좋아함과 싫어함에 있어 법도를 지킬 수 있다면 이것이 곧 우주의 순리대로 몸을 조화롭게 다스리는 공부이다. 천지는 하나의 위대한 어버이다. 백성이 원망하거나 탄식하지 않게 하고 만물에 질병과 재해가 없게 한다면 이것 역시 상서롭고 화목한 기상이 된다.

吾身一小天地也 使喜怒不愆 好惡有則 便是燮理的功夫
오신일소천지야 사희노불건 호오유칙 변시섭리적공부

天地一大父母也 使民無怨咨 物無氛疹 亦是敦睦的氣象
천지일대부모야 사민무원자 물무분진 역시돈목적기상

채근담

18 인간의 본성이란

배고프면 다른 사람에게 의지하고, 풍족해지면 도망가며, 권세 있는 이에게 아첨하고, 별 볼 일 없어지면 버리는 것이 보통 사람들이 가진 일반적인 결점이다.

饑則附 飽則颺 燠則趨 寒則棄 人情痛患也
기즉부 포즉양 욱즉추 한즉기 인정통환야

채근담

마음이 우주를 닮으려면

인간의 몸과 마음은 우주 자연과 똑같은 본체다. 잠시의 기쁨은 빛나는 별이나 상서로운 구름이고, 잠시의 노여움은 진동하는 우레나 쏟아지는 비이며, 잠시의 자비로움은 화창한 바람이나 달콤한 이슬이고, 잠시의 엄격함은 따가운 햇볕이나 가을의 서리이니 어느 것인들 없을 수 있겠는가? 다만 때에 따라 일어나고 때가 되면 사라지니 그럴 수만 있다면 사람의 마음이 우주와 같아질 것이다.

心體便是天體 一念之喜 景星慶雲 一念之怒 震雷暴雨 一念之慈 和風甘露
심체변시천체 일념지희 경성경운 일념지노 진뢰폭우 일념지자 화풍감로

一念之嚴 烈日秋霜 何者少得 只要隨起隨滅 廓然無碍 便與太虛同體
일념지엄 열일추상 하자소득 지요수기수멸 확연무애 변여태허동체

채근담

기쁨의 슬픔
슬픔의 기쁨

자식이 태어나면 어머니가 위험을 겪고 재물이 모이면 도둑이 엿보게 되니 어떤 기쁜 일인들 근심을 수반하지 않겠는가? 가난은 씀씀이를 절약할 수 있게 해주고 병은 몸을 보호할 수 있도록 해주니 어떤 근심인들 기쁨을 수반하지 않겠는가? 그러므로 통달한 사람은 순조로운 환경과 거슬리는 환경을 동일시하고 기쁨과 슬픔 양쪽을 모두 잊어야 한다.

子生而母危 鏹積而盜窺 何喜非憂也? 貧可以節用 病可以保身 何憂非喜也?
자생이모위 강적이도규 하희비우야 빈가이절용 병가이보신 하우비희야

故達人當順逆一視 而欣戚兩忘
고달인당순역일시 이흔척량망

채근담

정신은 영원한 것

사업과 문장은 몸을 따라 사라지지만 정신은 오랜 세월 남으며, 이름을 널리 알리는 일과 부귀는 사라지지만 기개와 지조는 천년이 하루와 같으니 군자는 진실로 곧 사라질 것을 영원할 것과 바꾸어서는 안 된다.

事業文章隨身銷毀 而精神萬古如新 功名富貴逐世轉移
사업문장수신소훼 이정신만고여신 공명부귀축세전이

而氣節千載一日 君子信不以彼易此也
이기절천재일일 군자신불이피역차야

채근담

번뇌의 출발점

세상 사람들이 오직 '나'라는 글자를 지나치게 중요하게 여기기 때문에 갖가지 호불호와 번뇌가 쌓인다. 옛사람이 이르기를 "나의 존재도 알지 못하면 어찌 사물의 진귀함을 알겠는가?" 또 이르기를 "이 몸조차 자신의 것이 아님을 안다면 번뇌가 어찌 다시 나를 해칠 수 있겠는가?" 했으니 참으로 정곡을 찌르는 말이다.

世人只緣認得我字太眞 故多種種嗜好種種煩惱
세인지연인득아자태진 고다종종기호종종번뇌

前人云: "不復知有我, 何知物爲貴?"
전인운   불부지유아 하지물위귀

又云: "知身不是我, 煩惱更何侵?" 眞破的之言也
우운   지신불시아 번뇌갱하침   진파적지언야

채근담

23 부나비와 올빼미

하늘은 맑고 달은 밝은데 어딘들 날 데가 없어 부나비는 하필 어두운 밤의 촛불에 달려들고, 샘은 맑고 과일은 파릇파릇한데 어디 쪼고 마실 것이 없어 올빼미는 굳이 썩은 쥐를 즐기는가? 슬프다! 세상에 부나비와 올빼미가 아닌 사람이 몇 명이나 될까?

晴空朗月 何天不可翺翔 而飛蛾獨投夜燭 淸泉綠果 何物不可飮啄
창공랑월 하천불가고상 이비아독투야촉 청천록과 하물불가음탁

而鴟梟偏嗜腐鼠 噫! 世之不爲飛蛾鴟梟者 幾何人哉?
이치효편기부서 희 세지불위비아치효자 기하인재

채근담

100 – 24 오래가는 복 참된 지식

한때의 괴로움과 한때의 즐거움을 서로 갈고닦으면서 단련한 끝에 이룬 복이라야 그 복이 비로소 오래가고, 한번 의심해보고 한번 믿어보면서 서로 참작하여 헤아려보고 그 헤아림 끝에 이룬 지식이야말로 참된 지식이 된다.

一苦一樂相磨煉 煉極而成福者 其福始久
일고일락상마련 련극이성복자 기복시구

一疑一信相參勘 勘極而成知者 其知始眞
일의일신상참감 감극이성지자 기지시진

채근담

25 한결같이 진실한 사람

사람의 마음이 한결같이 진실하면 곧 서리를 내릴 수도 있고, 성을 무너뜨릴 수도 있으며 쇠와 돌도 뚫을 수도 있다. 그러나 거짓된 사람이라면 형태만 갖추었을 뿐 참다운 자신을 잃었으므로 남을 대하는 얼굴이 가증스럽고, 홀로 있으면 제 모습과 그림자도 스스로 부끄러워질 것이다.

人心一眞 便霜可飛 城可隕 金石可貫 若僞妄之人
인심일진 변상가비 성가운 금석가관 약위망지인

形骸徒具 眞宰已亡 對人則面目可憎 獨居則形影自愧
형해도구 진재이망 대인즉면목가증 독거즉형영자괴

채근담

맑은 마음

마음이 맑아야 비로소 책을 읽고 옛것을 배울 수 있다. 그렇지 않으면 한 가지 선행을 본 뒤에 그것을 훔쳐 사사로운 욕심을 채우게 되고, 한마디 착한 말을 들은 뒤에 그것을 빌어 자기의 잘못을 덮으려 하니 이것은 바로 적에게 무기를 빌려주고 도둑에게 양식을 보내주는 것과 같다.

心地乾淨 方可讀書學古 不然 見一善行竊以濟私
심지건정 방가독서학고 불연 견일선행절이제사

聞一善言假以覆短 是又藉寇兵而齎盜糧矣
문일선언가이복단 시우자구병이재도량의

채근담

선한 마음

봄이 되어 날씨가 따뜻하면 꽃 또한 한층 아름다운 풍경을 펼치고, 새도 고운 노래를 지저귄다. 사람이 세상에 두각을 나타내어 부유하게 살더라도 좋은 말과 선행을 하려고 노력하지 않는다면 백년을 살아도 마치 하루도 살지 않은 것과 같다.

春至時和 花尙鋪一段好色 鳥且囀幾句好音 士君子幸列頭角
춘지시화 화상포일단호색 조차전기구호음 사군자행렬두각

復遇溫飽 不思立好言 行好事 雖是在世百年 恰似未生一日
부우온포 불사립호언 행호사 수시재세백년 흡사미생일일

채근담

시들지 않는 힘

모든 소리가 고요해진 가운데 문득 한 마리 새소리가 들리면 곧 수많은 그윽한 운치를 불러일으킬 수 있다. 모든 초목이 시들어 떨어진 뒤에 문득 꿋꿋하게 자란 나무 한 그루를 보면 곧 무한한 생동감이 촉발하게 되니, 만물의 천성은 절대로 메마를 수 없고 생명의 정취와 정신은 모두 끊임없이 발동한다는 것을 알 수 있다.

萬籟寂寥中 忽聞一鳥弄聲 便喚起許多幽趣 萬卉摧剝後
만뢰적료중 홀문일조롱성 변환기허다유취 만훼최박후

忽見一枝擢秀 便觸動無限生機 可見性天未常枯槁 機神最宜觸發
홀견일지탁수 변촉동무한생기 가견성천미상고고 기신최의촉발

채근담

가진 것을 바로 보고
자랑을 경계하라

옛사람이 이르되 "자기 집의 재산은 버려두고 남의 집 문 앞에서 밥그릇 들고 거지 노릇한다"고 말했고, 또 "벼락부자 된 가난뱅이야. 꿈같은 소리 마라. 뉘 집엔들 아궁이에 불 때면 연기 없으랴?"라고 하였다. 하나는 스스로 가진 것에 어두운 것을 경계한 것이고 하나는 스스로 가진 것을 자랑함을 경계한 것이니 학문의 간절한 훈계로 삼을 수 있다.

前人云: "抛却自家無盡藏 沿門持鉢效貧兒"
전인운　포각자가무진장 연문지발효빈아

又云: "暴富貧兒休說夢 誰家竈裡火無烟?"
우운　폭부빈아휴설몽 수가조리화무연

一箴自昧所有 一箴自誇所有 可爲學問切戒
일잠자매소유 일잠자과소유 가위학문절계

채근담

112-30 마음의 방향

일이 뜻대로 안 될 때 처지가 나만 못한 사람을 생각하면 원망과 탓하는 마음이 저절로 줄어들 것이며, 마음이 좀 게으르고 거칠어졌을 때 자신보다 나은 사람을 생각하면 자연스럽게 분발하게 될 것이다.

事稍拂逆 便思不如我的人 則怨尤自消
사초불역 변사불여아적인 즉원우자소
心稍怠荒 便思勝似我的人 則精神自奮
심초태황 변사승사아적인 즉정신자분

채근담

봄바람이 만물을 기르듯

마음이 너그럽고 두터운 사람은 봄바람이 따뜻하게 만물을 기르는 것 같아서 무엇이든지 이런 사람을 만나면 살아나고, 시기하고 각박한 사람은 차가운 눈이 만물을 얼게 하는 것과 같아서 무엇이든지 이런 사람을 만나면 죽고 만다.

念頭寬厚的 如春風煦育 萬物遭之而生
염두관후적 여춘풍후육 만물조지이생

念頭忌刻的 如朔雪陰凝 萬物遭之而死
염두기각적 여삭설음응 만물조지이사

채근담

하늘의 섭리

줄톱도 나무를 자르고 낙숫물도 돌을 뚫는다. 도를 배우는 사람은 모름지기 찾기 위한 노력을 해야 한다. 물이 모이면 개천이 생기고 오이가 익으면 꼭지가 떨어진다. 도를 얻으려는 사람은 한결같이 하늘의 섭리에 맡기면 된다.

繩鋸木斷 水滴石穿 學道者須加力索
승거목단 수적석천 학도자수가력색

水到渠成 瓜熟蒂落 得道者一任天機
수도거성 과숙체락 득도자일임천기

채근담

보이지 않지만 중요한 것

사람들은 글자가 있는 책을 읽을 줄 아나 글자 없는 책은 읽을 줄을 모른다. 줄이 있는 거문고를 탈 줄은 알더라도 줄이 없는 거문고는 탈 줄 몰라서 형체 있는 것만 사용할 줄 알고 정신을 사용할 줄 모르니 어찌 거문고와 책의 참맛을 얻을 수 있으리오?

人解讀有字書 不解讀無字書 知彈有絃琴 不知彈無絃琴
인해독유자서 불해독무자서 지탄유현금 부지탄무현금

以跡用 不以神用 何以得琴書之趣?
이적용 불이신용 하이득금서지취

채근담

깊은 마음에 이르는 길

학문하는 사람은 정신을 가다듬어 한곳에 집중해야 한다. 만일 덕을 닦으면서도 마음을 실적과 명예에만 둔다면 결코 깊은 경지에 이르지 못하며, 책을 읽으면서도 감흥을 시나 읊고 풍류나 즐기는 데 둔다면 필연적으로 깊은 마음에까지는 이르기 어렵다.

學者要收拾精神 倂歸一路 如修德而留意於事功名譽 必無實詣
학자요수습정신 병귀일로 여수덕이류의어사공명예 필무실예

讀書而寄興於吟詠風雅 定不深心
독서이기흥어음영풍아 정불심심

채근담

35 읽고 실천하기

글을 읽어도 성현을 만나지 못하면 글을 베끼는 사람일 뿐이고, 벼슬자리에 있으면서도 자식과 같은 백성을 사랑하지 않는다면 관복을 입은 도적일 뿐이다. 학문을 가르치면서도 실천하지 않으면 입으로만 참선하는 사람이 될 뿐이고, 업적을 쌓아도 덕을 베풀 생각이 없으면 피었다가 시들어 떨어지는 꽃과 같을 뿐이다.

讀書不見聖賢 爲鉛槧傭 居官不愛子民 爲衣冠盜
독서불견성현 위연참용 거관불애자민 위의관도

講學不尙躬行 爲口頭禪 立業不思種德 爲眼前花
강학불상궁행 위구두선 입업불사종덕 위안전화

채근담

꾸밈이 없을 때 이루어지는 것

문장은 서툰 데서 발전이 있고 도는 진실하고 순박해야만 이루어질 수 있다. '졸拙'이라는 한 글자에 무한한 의미가 있다. 마치 복사꽃 핀 마을에 개가 짖고 뽕나무 사이에서 닭이 운다는 글은 얼마나 순박하면서도 자연스러운가? 그런데 '차가운 연못에 달이 비치고 고목나무에 까마귀 운다'라고 말하면 교묘하기는 하지만 쓸쓸하고 삭막한 분위기가 느껴진다.

文以拙進 道以拙成 一拙字有無限意味
문이졸진 도이졸성 일졸자유무한의미

如桃源犬吠 桑間鷄鳴 何等淳龐?
여도원견폐 상간계명 하등순방

至於寒潭之月 古木之鴉 工巧中便覺有衰颯氣象矣
지어한담지월 고목지아 공교중변각유쇠삽기상의

채근담

돌과 나무 같은 마음

도와 덕을 닦을 때는 돌, 나무처럼 차분하고 굳센 마음을 가져야 한다. 만일 조금이라도 탐내고 부러워하게 되면 곧 욕망으로 가득 찬 세계에 빨려든다. 백성을 구제하고 다스리려면 흐르는 구름과 흘러가는 물처럼 담백한 감정을 지녀야 하는데 만일 잠깐이라도 욕심내고 집착한다면 곧바로 위험한 지경에 빠질 것이다.

進德修道 要個木石的念頭 若一有欣羨 便趨欲境
진덕수도 요개목석적념두 약일유흔선 변추욕경

濟世經邦 要段雲水的趣味 若一有貪著 便墮危機
제세경방 요단운수적취미 약일유탐착 변타위기

채근담

38 겉모습보다 중요한 것

책을 잘 읽는 사람은 마땅히 책을 읽는 것이 손발이 춤추는 경지에까지 이르러야 비로소 형식에 구애받지 않게 된다. 사물을 잘 관찰하는 사람은 사물과 하나되는 경지에 이르렀을 때 비로소 사물의 외형에 구애받지 않게 된다.

善讀書者 要讀到手舞足蹈處 方不落筌蹄
선독서자 요독도수무족도처 방부락전제

善觀物者 要觀到心融神洽時 方不泥迹象
선관물자 요관도심융신흡시 방불니적상

채근담

배우는 자세

새와 벌레의 울음소리는 모두 마음을 전하는 비결이고, 꽃이 울긋불긋하고 풀빛이 파릇파릇한 것은 도를 드러내는 문장이 아닌 것이 없다. 배우는 사람이 영혼을 맑게 하고 도량이 넓다면 듣고 보는 것마다 깨달음이 있을 것이다.

鳥語蟲聲 總是傳心之訣 花英草色 無非見道之文
조어충성 총시전심지결 화영초색 무비견도지문

學者要天機淸澈 胸次玲瓏 觸物皆有會心處
학자요천기청철 흉차령롱 촉물개유회심처

채근담

능력보다 먼저인 것

절개와 의리가 뛰어나 높은 벼슬을 내려다보고 문장이 백설*보다 높을지라도 만약 덕성으로 그것을 단련하고 수양하지 않으면 혈기 넘치는 사사로운 행동이 되고 기술적인 잔재주의 말단이 되고 말 것이다.

● 백설(白雪)은 초나라 가곡의 이름으로, 뛰어난 작품을 말함

節義傲靑雲 文章高白雪 若不以德性陶鎔之
절의오청운 문장고백설 약부이덕성도용지

終爲血氣之私 技能之末
종위혈기지사 기능지말

채근담

41 지금 여기가 극락

얽매임과 벗어남은 단지 자신의 마음에 달린 것이니 마음으로 깨달으면 푸줏간이나 양조장도 그대로 극락이 된다. 그렇지 않으면 비록 거문고와 학을 벗삼고 화초를 심어 가꾸어 즐거울지라도 악마의 방해는 끝내 남아 있을 것이다. 옛말에 "능히 쉴 수만 있다면 더러운 세속도 참 경지가 되고 깨닫지 못하면 절간도 속세가 된다" 하니 과연 옳은 말이다.

纏脫只在自心 心了則屠肆糟店 居然淨土 不然 縱一琴一鶴 一花一卉
전탈지재자심 심료즉도사조점 거연정토 불연 종일금일학 일화일훼

嗜好雖淸 魔障終在 語云: "能休 塵境爲眞境 未了 僧家是俗家" 信夫
기호수청 마장종재 어운 능휴 진경위진경 미료 승가시속가 신부

채근담

내 마음의 얼음과 숯불

천지 운행의 추위와 더위는 피하기 쉬우나 인생의 더위와 추위는 제어하기 어렵다. 인간 세상의 더위와 추위는 피하기 쉬워도 내 마음의 얼음과 숯불은 버리기 어렵다. 만일 내 마음속의 변덕을 버릴 수만 있다면 가슴 가득히 화목한 감정이 넘쳐 가는 곳마다 절로 봄바람이 불 것이다.

天運之寒暑易避 人世之炎凉難除 人世之炎凉易除 吾心之氷炭難去
천운지한서이피 인세지염량난제 인세지염량이제 오심지빙탄난거

去得此中之氷炭 則滿腔皆和氣 自隨地有春風矣
거득차중지빙탄 즉만강개화기 자수지유춘풍의

채근담

43 대자연을 가만가만 바라보다

숲속 솔바람과 돌 위를 흐르는 샘물 소리도 가만히 들어보면 대자연의 가장 미묘한 음악이고, 풀숲의 안개와 물에 비친 구름, 그림자도 여유롭게 바라보면 천지의 훌륭한 문장이네.

林間松韻 石上泉聲 靜裡聽來 識天地自然鳴佩
임간송운 석상천성 정리청래 식천지자연명패

草際烟光 水心雲影 閑中觀去 見乾坤最上文章
초제연광 수심운영 한중관거 견건곤최상문장

채근담

생각은 깊게
시야는 넓게

부싯돌의 불빛 속에서 길고 짧음을 다툰들 그 세월이 얼마나 길며,
달팽이 뿔 위에서 자웅을 겨뤄 본들 그 세계가 얼마나 크랴?

石火光中爭長競短 幾何光陰?
석화광중쟁장경단 기하광음

蝸牛角上 較雌論雄 許大世界?
와우각상 교자론웅 허대세계

채근담

마음의 다른 이름
마법

길고 짧음은 생각에 달려 있고, 넓고 좁음 또한 마음먹기에 달려 있다. 그러므로 마음이 한가하고 편안한 사람은 하루가 천년보다 길고, 도량이 넓은 사람은 좁은 방이 하늘과 땅처럼 넓다.

延促由於一念 寬窄係之寸心
연촉유어일념 관착계지촌심

故機閑者 一日遙於千古 意廣者 斗室寬若兩間
고기한자 일일요어천고 의광자 두실관약량간

채근담

그물에 걸리지 않는 바람처럼

자신의 의지에 따라 사물을 움직이는 사람은 얻어도 기뻐하지 않고 잃어도 근심하지 않으며 어디든 한가롭게 이곳저곳을 거닌다. 반대로 주체적이지 못한 사람은 역경을 싫어하고 평탄한 길에만 애착을 느끼니 털끝만한 일에도 자신이 얽매이고 만다.

以我轉物者 得固不喜 失亦不憂 大地盡屬逍遙
이아전물자 득고불희 실역불우 대지진속소요

以物役我者 逆固生憎 順亦生愛 一毛便生纏縛
이물역아자 역고생증 순역생애 일모변생전박

채근담

가끔은 유유자적

속세를 떠난 이의 맑고 우아한 일은 모두 자신의 본성을 따르기 위한 것이다. 그러므로 술은 권하지 않음을 기쁨으로 삼고, 바둑은 다투지 않는 것으로 승리를 삼고, 피리는 구멍이 없어도 적당하다 여기고, 거문고는 현이 없어도 고상하다 여기며, 만남은 기약 없음을 참되게 생각하며, 손님은 마중과 배웅이 없으므로 마음이 편안하다고 한다. 만약 한 번이라도 겉치레에 이끌리고 형식에 얽매인다면 곧 세속의 고해로 떨어지고 말 것이다.

幽人淸事總在自適 故酒以不勸爲歡 棋以不爭爲勝 笛以無腔爲適 琴以無絃爲高
유인청사총재자적 고주이불권위환 기이부쟁위승 적이무강위적 금이무현위고

會以不期約爲眞率 客以不迎送爲坦夷 若一牽文泥迹 便落塵世苦海矣!
회이불기약위진솔 객이불영송위탄이 약일견문니적 변락진세고해의

채근담

인생이라는 바다를 건널 때

불교에서 말하는 '수연隨緣(인연에 따라서 현상을 일으킴)'과 유교에서 말하는 '소위素位(자신의 상황에 따라 처신하는 것)'라는 이 글자는 인생이라는 바다를 건너기 위한 구명조끼이다. 대개 아득하고 컴컴한 세상살이에서 완벽함만을 추구한다면 잡념이 많아질 것이다. 대신 자연에 순응하고 어떤 환경에도 적응하고 만족한다면 어디를 가든지 기뻐하며 만족할 것이다.

釋氏隨緣 吾儒素位 四字是渡海的浮囊 蓋世路茫茫
석씨수연 오유소위 사자시도해적부낭 개세로망망

一念求全 則萬緖紛起 隨寓而安 則無入不得矣
일념구전 즉만서분기 수우이안 즉무입부득의

채근담

차라리 어리석고 걸걸하게

세상일에 경험이 적을수록 사회적 악습에 적게 물들 것이고 세상일을 실컷 경험할수록 남을 속이는 꿍꿍이셈 또한 깊어질 것이다. 그러므로 군자는 능숙하게 통달하기보다는 차라리 정직하면서도 어리석은 것이 낫고, 오히려 신중하면서도 완벽을 추구하기보다는 걸걸하면서도 세속을 따르지 않는 편이 낫다.

涉世淺 點染亦淺 歷事深 機械亦深
섭세천 점염역천 역사심 기계역심

故君子與其練達 不若朴魯 與其曲謹 不若疎狂
고군자여기련달 불약박로 여기곡근 불약소광

채근담

마음을 활짝

살아생전의 마음은 활짝 열어 너그럽게 하여 사람들이 불평하는 탄식이 없게 하고, 죽은 뒤의 은혜는 오래 남도록 해서 사람들이 영원히 그리워하게 한다.

面前的田地要放得寬 使人無不平之歎
면전적전지요방득관 사인무불평지탄

身後的惠澤要流得久 使人有不匱之思
신후적혜택요류득구 사인유불궤지사

채근담

51 혼자 잘나서 이룬 것은 세상에 없다

숭고하고 아름다운 명예와 고상한 절개는 절대로 혼자만 차지하지 말고 조금이라도 남에게 나누어 주어야만 위험을 피하고 몸을 보존할 수 있다. 욕된 행실과 더러운 이름을 전부 남에게 미루어서는 안 되고 자신에게도 책임을 돌려야 재능을 감추고 덕을 기를 수가 있다.

完名美節 不宜獨任 分些與人 可以遠全身
완명미절 불의독임 분사여인 가이원전신

辱行汚名 不宜全推 引些歸己 可以韜光養德
욕행오명 불의전추 인사귀기 가이도광양덕

채근담

52 가끔은 후퇴 양보는 필수

사람의 마음은 변하기 쉽고 세상의 길은 험난하다. 쉽게 갈 수 없는 곳에서는 모름지기 한 걸음 물러서는 법을 알아야 하고, 살아갈 만한 곳이라도 적절히 다른 사람에게 양보하는 도량과 미덕을 길러야 한다.

人情反復 世路崎嶇 行不去處 須知退一步之法
인정반복 세로기구 행불거처 수지퇴일보지법

行得去處 務加讓三分之功
행득거처 무가양삼분지공

채근담

중용을 지킨다는 것

너그럽고 마음이 넓은 사람은 자신에 대해서도, 남을 대할 때에도 후하여 이르는 곳마다 호방하면서도 화려하다. 욕망이 담박한 사람은 자신에게도, 남에게도 야박하여 일마다 모두 냉담하고 무정하다. 그러므로 군자는 일상생활에서 즐기고 좋아하기를 지나치게 탐해서도 안 되고 또한 너무 각박하여 인색해서도 안 된다.

念頭濃者 自待厚 待人亦厚 處處皆濃
염두농자 자대후 대인역후 처처개농

念頭淡者 自待薄 待人亦薄 事事皆淡
염두담자 자대박 대인역박 사사개담

故君子居常嗜好 不可太濃艶 亦不宜太枯寂
고군자거상기호 불가태농염 역불의태고적

채근담

깨끗함에 대하여

더러운 땅에서는 다양한 생물이 살지만 물이 너무 맑으면 물고기가 없다. 그러므로 군자는 마땅히 때 묻고 더러운 것도 받아들이는 도량을 지녀야 하고, 홀로 깨끗함을 고집해서는 안 된다.

地之穢者多生物 水之淸者常無魚
지 지 예 자 다 생 물 수 지 청 자 상 무 어

故君子當存含垢納汚之量 不可持好潔獨行之操
고 군 자 당 존 함 구 납 오 지 량 부 가 지 호 결 독 행 지 조

채근담

55 군자처럼 살아보기

욕심이 없고 그저 담박한 선비는 반드시 화려한 것을 좋아하는 사람에게 의심받으며, 조심성 있고 신중한 사람은 사악하고 제멋대로인 사람에게 질투의 대상이 된다. 군자는 이런 때에도 꿋꿋하게 그 지조를 지키고 실천해야 하며 또한 자신의 날카로움을 지나치게 드러내서도 안 된다.

澹泊之士 必爲濃艷者所疑 檢飭之人 多爲放肆者所忌
담박지사 필위농염자소의 검칙지인 다위방사자소기

君子處此 固不可少變其操履 亦不可太露其鋒芒
군자처차 고불가소변기조리 역불가태로기봉망

채근담

손자병법

예전처럼 말 타고 싸우는 시대도 아닌데 춘추시대 손무가 펴낸 전략서 손자병법孫子兵法이 이토록 오래, 세계적으로 사랑받는 이유는 뭘까? 손자병법에는 싸우지 않고 이기기 위한 전략, 훌륭한 리더로 거듭나는 법, 사람의 마음을 얻는 방법 등 이 시대에도 통하는 지혜와 비책이 담겨 있기 때문일 것이다.

누군가를
이끈다는 것

병사들이 아직 장수를 지지하지 않는데 벌을 주면
그들은 장수를 따르지 않을 것이며,
복종하지 않는 이들을 데리고 싸우기는 어렵다.
병사들의 마음을 이미 얻었더라도
벌을 주지 않으면 전쟁을 치를 수 없다.
따라서 덕으로 가르치되
필요할 때는 엄격한 법령과 규칙으로 단속해야만
반드시 이길 수 있다.

卒未親附而罰之 則不服 不服則難用也
졸미친부이벌지 즉불복 불복즉난용야

卒已親附而罰不行 則不可用
졸이친부이벌불행 즉불가용

故令之以文 齊之以武 是謂必取
고령지이문 제지이무 시위필취

손자병법

리더의 자격

리더는 반드시 지혜와 모략,
위엄과 신망, 상벌이 분명한 인덕,
용맹함과 결단력, 엄격한 군기가 있어야 한다.

將者 智信仁勇嚴也
장자 지신인용엄야

손자병법

예측도 능력

싸우기 전에 승리가 예측되는 것은
승산이 많기 때문이며,
싸우기 전에 승리를 예측하지 못한 것은
승산이 적기 때문이다.

夫未戰而廟算勝者 得算多也
부 미 전 이 묘 산 승 자 득 산 다 야

未戰而廟算不勝者 得算少也
미 전 이 묘 산 불 승 자 득 산 소 야

손자병법

04 보이는 것에서 읽어내기

적의 전차가 먼저 나와 양측에 서면
전쟁을 시작하려는 것이고,
아무 이유 없이 싸움을 그만하자면
음모를 숨기고 있음을 말하며,
병사가 뛰어다니면서 전차를 좋은 형태로 포진하는 것은
결전을 준비하고 있음을 말하고,
반쯤 진격하다 반쯤 퇴각하는 것은
유인하는 것이다.

輕車先出居其側者 陳也 無約而請和者 謀也
경거선출거기측자 진야 무약이청화자 모야

奔走而陳兵車者 期也 半進半退者 誘也
분주이진병거자 기야 반진반퇴자 유야

손자병법

05 리더가 경계해야 할 성격

죽기만을 각오하는 무모한 자는 죽고,
살려고만 하는 자는 포로가 된다.
쉽게 분노하고 조급해하면 계략에 빠지고,
너무 청렴결백하면 모욕을 당할 수 있다.
부하를 너무 아끼면 번뇌에 빠진다.

將有五危必死可殺也 必生可虜也
장 유 오 위 필 사 가 살 야 필 생 가 로 야

忿速可侮也 廉潔可辱也 愛民可煩也
분 속 가 모 야 염 결 가 욕 야 애 민 가 번 야

손자병법

가끔은 속임수

전쟁은 속이는 일이다.
능력이 있어도 없는 것처럼 보이고
전쟁할 의도가 있어도 없는 것처럼 보이고
가까운 곳에 있으면서도 먼 곳에 있는 것처럼 보이고
먼 곳에 있으면 가까운 데 있는 것처럼 보이게 한다.

兵者詭道也 故能而示之不能 用而示之不用
병자궤도야 고능이시지불능 용이시지불용

近而示之遠 遠而示之近
근이시지원 원이시지근

손자병법

07 허를 찌르다

적이 준비가 안 된 곳을 공격하고
적이 생각지 못할 때 출격한다.

攻其無備 出其不意
공기무비 출기불의

손자병법

속전속결

전쟁에서는 빠르게 이겨야 한다.
전쟁을 오래 끌면 병사들이 지쳐 예리함이 줄어들며
성을 공격하면 군사력이 크게 소모되고
오랫동안 병사들이 전쟁터에 노출되면
국가의 재정이 부족해진다.

其用戰也勝 久則鈍兵挫銳 攻城則力屈
기 용 전 야 승 구 즉 둔 병 좌 예 공 성 즉 력 굴

久暴師則國用不足
구 폭 사 즉 국 용 부 족

손자병법

09 적을 알고 나를 알면

적을 알고 나를 알면
백번 싸워도 위험하지 않고
적을 모르고 나만 알면
승부는 반반이다.
적도 모르고
나에 대해서도 모르면
매번 반드시 위험에 빠지고 만다.

知彼知己者 百戰不殆 不知彼而知己 一勝一負
지피지기자 백전불태 부지피이지기 일승일부

不知彼 不知己 每戰必殆
부지피 부지기 매전필태

손자병법

10 지혜롭게 걱정하기

지혜로운 리더는 어떤 문제에 대해
반드시 이로운 점과 해로운 점을 동시에 생각한다.
불리한 상황에서는 유리한 면을 보고 목적을 이루며,
유리한 상황에서는 불리한 면을 보고 미리 대처할 수 있다.

智者之慮 必雜於利害
지 자 지 려 필 잡 어 이 해

雜於利而務可信也 雜於害而患可解也
잡 어 리 이 무 가 신 야 잡 어 해 이 환 가 해 야

손자병법

11 언제 싸우고 언제 피할까?

작전의 규칙이란
아군의 병력이 10배 많으면 적군을 포위하고,
적군의 5배면 공격하며,
2배면 적군의 병력을 분산시킨다.
대적할 능력이 되면 싸우고,
적군보다 적으면 도망가며,
능력이 안 되면 결전을 피해야 한다.

用兵之法 十則圍之 五則攻之 倍則分之
용병지법 십즉위지 오즉공지 배즉분지

敵則能戰之 少則能逃之 不若則能避之
적즉능전지 소즉능도지 불약즉능피지

손자병법

12 최고로 뛰어난 것

백 번 싸워 백 번을 이기는 게
최고로 뛰어난 것은 아니다.
싸우지 않고 적을 굴복시키는 것이
뛰어난 가운데 최고로 뛰어난 방책이다.

百戰百勝 非善之善者也 不戰而屈人之兵 善之善者也
백전백승 비선지선자야 부전이굴인지병 선지선자야

손자병법

13 때로는 바람
　　때로는 산

신속한 행군은 사나운 바람같이
서서히 움직일 때는 숲처럼
침략할 때는 세차게 타는 불처럼
부대가 움직이지 않을 때는 큰 산과 같이 묵묵히 있되
숨을 때는 검게 하늘을 덮은 구름처럼 모르게
움직이기 시작하면 벼락처럼!

其疾如風 其徐如林 侵掠如火
기질여풍 기서여림 침략여화

不動如山 難知如陰 動如雷霆
부동여산 난지여음 동여뢰정

손자병법

14 나부터 강하게

이전에 전쟁을 잘 이끈 장군은
먼저 적이 이길 수 없는 나를 만들고
그다음 적을 이길 기회를 기다리라고 했다.

昔之善戰者 先爲不可勝 以待敵之可勝
석지선전자 선위불가승 이대적지가승

손자병법

15 이겨놓고 하는 싸움

승리할 군대는
먼저 적을 이길 수 있는 실력을 만들어 놓고 싸우며,
실패할 군대는
먼저 싸움을 걸어놓고 요행으로 승리를 기대한다.

勝兵先勝而後求戰 敗兵先戰而後求勝
승병선승이후구전 패병선전이후구승

손자병법

16 기운을 읽다

전쟁 과정에서 병사의 기세는
처음에는 예리하지만
점점 나태해지고,
끝내는 병사의 기세가 쇠락하는 순간이 온다.
따라서 유능한 리더는
적이 예리할 때는 피하고,
기세가 약해졌을 때 출격한다.
리더는 이처럼 기운의 변화를 잘 파악해야 한다.

朝氣銳 晝氣惰 暮氣歸
조기예 주기타 모기귀

故善用兵者 避其銳氣 擊其惰歸 此治氣者也
고선용병자 피기예기 격기타귀 차치기자야

손자병법

17 다 계획이 있다면

깃발이 어지럽게 휘날리고
사람과 말이 뒤섞여 전투가 혼란스러워도
아군은 혼란에 빠지지 않으며
아군이 둥글게 포위된 듯 보여도
계획이 있는 아군은 결코 패배하지 않는다.

紛紛紜紜 鬪亂而不可亂也
분분운운 투란이불가란야

渾渾沌沌 形圓而不可敗也
혼혼돈돈 형원이불가패야

손자병법

18 승패의 원인 찾기

뛰어난 장수는
전쟁의 승패 원인을 자신의 전투에서 찾을 뿐
병사들을 탓하지 않기 때문에
병사들에게 매달리지 않고
전투 태세에만 근거해 판단한다.

善戰者 求之於勢 不責於人 故能擇人而任勢
선전자 구지어세 불책어인 고능택인이임세

손자병법

19 끌려다니지 않으려면

뛰어난 리더는
적을 끌고 다니지
적에게 끌려다니지 않는다.
적이 우리 쪽으로 오게 하려면 이익을 던져주고
적을 못 오게 하려면 손해라 생각하게 만든다.

善戰者 致人而不致於人 能使敵人自至者
선전자 치인이불치어인 능사적인자지자

利之也 能使敵人不得至者 害之也
리지야 능사적인부득지자 해지야

손자병법

20 돌다리 두드리는 네 가지 방법

적의 상황을 분석하면 우열과 득실을 이해할 수 있고,
일부러 도발해보면 적의 행동 규칙을 파악할 수 있고,
위장 침투하면 적의 장점과 약점을 알 수 있고,
탐색적인 대결을 통해 적군의 허와 실을 파악할 수 있다.

策之而知得失之計 作之而知動靜之理
책지이지득실지계 작지이지동정지리

形之而知死生之地 角之而知有餘不足之處
형지이지사생지지 각지이지유여부족지처

손자병법

21 다섯 가지 원칙

길도 통과하지 말아야 할 길이 있고,
공격해서는 안 될 군대가 있으며,
공격하지 말아야 할 성이 있고,
쟁탈해서는 안 될 땅이 있으며,
임금의 명령이라도 받아들이지 말아야 할 명령도 있다.

塗有所不由 軍有所不擊 城有所不攻 地有所不爭 君命有所不受
도유소불유 군유소불격 성유소불공 지유소부쟁 군명유소불수

손자병법

지는 이유

군대에 군수물자가 없으면 지고,
군량미가 없으면 지며,
비축된 물자가 없으면 진다.

軍無輜重則亡 無糧食則亡 無委積則亡
군무치중즉망 무량식즉망 무위적즉망

손자병법

23 승리를 예상하는 법

싸워야 할지 말아야 할지 판단할 줄 아는 자는 이기고
규모에 맞게 지휘할 줄 아는 자가 이기며,
장수와 병사들이 같은 마음이면 이기고,
장수가 뛰어나고 군주가 간섭하지 않으면 이기며,
준비된 상태에서 준비되지 않은 자와 싸우면 이긴다.

知可以戰與不可以戰者勝 識衆寡之用者勝
지가이전여불가이전자승 식중과지용자승

上下同欲者勝 以虞待不虞者勝 將能而君不御者勝
상하동욕자승 이우대불우자승 장능이군불어자승

손자병법

가끔은
일부러 돌아가기

일부러 길을 돌아가더라도
미끼로 적을 유인하면
적의 뒤에서 출발하지만
오히려 적보다 빨리 싸움터에 도착할 수 있다.
이것이 바로 곧장 가는 길을
돌아가는 길로 바꾸는 계략, '우직지계'를 이해한 것이다.

迂其途 而誘之以利 後人發 先人至
우 기 도 이 유 지 이 리 후 인 발 선 인 지

此知迂直之計者也
차 지 우 직 지 계 자 야

손자병법

누군가를 이끌고 싶다면

장수는 병사를 어린아이처럼 다루었기에
그들과 깊은 계곡으로 나아갈 수 있었고,
병사를 사랑하는 자식처럼 대우했기에
그들과 함께 죽음의 땅으로 나아갈 수 있었다.

視卒如嬰兒 故可與之赴深谿 視卒如愛子 故可與之俱死
시졸여영아 고가여지부심계 시졸여애자 고가여지구사

손자병법

인생 쓰다 고전
고전 같은 것 몰라도 살기는 살겠지만

초판 1쇄 인쇄 2025년 8월 21일
초판 1쇄 발행 2025년 9월 1일

지은이 공자(문도), 홍자성, 손무
옮긴이 김경집, 장석만, 노승현
기획·엮은이 주순진

편집 이희연 정소리 **디자인** 디자인판 **마케팅** 김다정 박재원
브랜딩 함유지 박민재 이송이 박다솔 조다현 김하연 이준희 복다은
저작권 박지영 형소진 주은수 오서영 조경은
제작 강신은 김동욱 이순호 **제작처** 영신사

펴낸곳 (주)교유당 **펴낸이** 신정민
출판등록 2019년 5월 24일 제406-2019-000052호

주소 10881 경기도 파주시 회동길 210
전화 031.955.8891(마케팅) 031.955.2680(편집) 031.955.8855(팩스)
전자우편 gyoyudang@munhak.com

홈페이지 www.gyoyudang.com
인스타그램 @thinkgoods **트위터** @think_paper **페이스북** @thinkgoods

ISBN 979-11-94523-68-0 03100

- 아템포는 (주)교유당의 경제·경영·자기계발 브랜드입니다.
  이 책의 판권은 (주)교유당에 있습니다.
  이 책 내용의 전부 또는 일부를 재사용하려면 반드시 양측의 서면 동의를 받아야 합니다.